La belleza es verdad y la verdad belleza.
Es todo lo que necesitas saber en la tierra.

John Keats

Senté
a la belleza
para injuriarla,
pero ebria y sorda se ha dormido
en mis rodillas.

Tomás Salvador González

© José María Merino, 2024

Dirección editorial:	Héctor Escobar
Director de la colección:	Gustavo Martín Garzo
Fotografía de cubierta:	José Ramón Vega
Diseño de la colección:	Miguel Riera
Maquetación:	Alberto R. Torices

ISBN: 978-84-10057-50-0

Dep. Legal: Le. 255-2024

Impreso en España — Printed in Spain

José María Merino
La belleza de **los cuentos**

De la belleza (18)

José María Merino

La belleza de los cuentos

EOLAS EDICIONES

Nunca olvidaré aquella noche en que mi abuelo José me dijo, «fíjate, José Mari, el Camino de Santiago pasa por delante de casa», señalando la Vía Láctea. Tal vez es el minicuento mejor que he oído en la vida. Yo estaba en El Paraíso, carretera de Trobajo, al borde del Camino de Santiago ¡que era la Vía Láctea! ¡Una deliciosa bilocación que la ficción es capaz de llevar a cabo con toda naturalidad!

Desde aquellos años tempranos, me acompañó la grata recurrencia de los cuentos populares y de las leyendas y, con el paso del tiempo, también la de los cuentos literarios… No podría haber tenido más placenteros amigos en la imaginación.

En el caso de los cuentos, aparte de los clásicos —de Andersen y Perrault, sobre todo— mi abuelo —que era quien más cuentos me contaba cuando yo era niño y que murió demasiado pronto—, me hizo conocer *Blancaflor, la hija del diablo,* con el «castillo de irás y no volverás», que siempre recuerdo y que me fascina por esos poderes de Blancaflor para conseguir deshacer un bosque, roturar la tierra, plantar viñas o trigo y conseguir vino o pan ¡en un solo día!, y de ese cuento nunca olvidaré la petición de Blancaflor al príncipe de que la mate, le saque toda la sangre y tire al lago su cuerpo cortado en cachitos, para encontrar el anillo mágico que le ha ordenado buscar su padre el diablo…

¿Y qué decir de ese diminuto Garbancito metido en un repollo que se come un toro, o de esa gaita maravillosa que tocaba un pastorcito y hacía engordar a sus ovejas?

Las leyendas también han estado conmigo desde niño: en León me sigue encantando ver en la catedral, iluminada por los innumerables colores de sus vidrieras —como en un cuento—, colgado de la pared, el pellejo del enorme topo que utilizaban los moros para destruir sus cimientos mientras se construía, o en la iglesia de San Marcos el ventanuco de la prisión en que estuvo encerrado Quevedo, personaje entonces de muchos chistes sucios, pero a quien los mayores respetaban, y en La Coruña acercarme a la torre que construyó Hércules, sabiendo que estoy sobre la cabeza del tiránico y cruel gigante Gerión, o en Segovia contemplar el acueducto, construido por el diablo para una aguadora a cambio de su alma…

A estas alturas de la vida, cuando visito una ciudad que no conozco, procuro enterarme de sus leyendas. Y me satisface mucho que Madrid, donde resido, fuese fundada por troyanos supervivientes y consagrada a la diosa Metragirta, hija de Saturno…

Es posible que el cuento sea uno de los elementos que más ha complacido al oído y al espíritu de la humanidad desde nuestros orígenes como especie, y acaso fue componente fundacional, en los aspectos iniciales, del «pensamiento simbólico», porque sin duda servía para explicar al *homo sapiens* la misteriosa realidad mientras animaba los descansos y las reuniones colectivas —al arrimo del fuego, pues él era el único ser viviente que había conseguido manipularlo, aunque luego algún cuentista inventaría lo de Prometeo— en un espacio temporal en el que no se dedicaba a tallar las herramientas de piedra o a utilizarlas para la caza que le permitía alimentarse.

Muy importante para mí, desde esta perspectiva, fue el libro del filólogo prusiano Wilhem Bleek sobre ciertos bosquimanos nómadas cazadores de finales del siglo XIX en Sudáfrica —titulado *Modelos del folklore bosquimano* y bien conocido en toda Europa durante el siglo XX— que José Manuel de Prada Samper tradujo en España como *La niña que creó las estrellas. Relatos orales de los bosquimanos IXam* (1) en el que, a través de numerosas ficciones breves

· Una muchachita en el período menstrual tiró un puñado de ceniza al cielo. Eso es la Vía Láctea.

· Un anciano lanzó una zapatilla al aire que se convirtió en la luna.

· El viento es la «voz de los muertos», que nos dice cosas distintas según su fuerza o su temperatura.

· Es necesaria la empatía mental con el animal a cazar, hasta que obedezca a nuestro pensamiento y actúe según nuestra voluntad.

· A un hombre lo atrapa un león sin hambre, y lo mantiene en reserva, hasta que la presa acaba consiguiendo que sus vecinos eliminen al león…

·   Los dioses son enredadores, pero hay un niño
capaz de engañarlos…

nos muestra el cuento como ese «componente
fundacional» al que acabo de aludir, cargado de
sugestiones tan ilustrativas como emocionantes…

Del «pensamiento simbólico», que está también
tras el dibujo, la pintura, la escultura, la música,
la danza, la aritmética —siempre me gusta recordar que el cero, inventado en la India, representa
la NADA—, la arquitectura, las técnicas —desde
las más arcaicas…—, surge naturalmente, y acaso
como primer brote, la ficción, haciendo imaginar desde los dioses a los monstruos y las hadas,
y se va conformando inicialmente en la oralidad,
unida a la progresión del lenguaje articulado, a la
multiplicación de vocablos y su papel simbólico
—que se puede constatar fácilmente en la mera
realización de la lectura—. Y el cuento oral, muy
anterior a otros productos de la imaginación literaria, como el teatro o la novela, es sin duda la
primera muestra.

De niño tuve también la suerte de asistir a los
modestos filandones —el filandón era una reu-

nión nocturna que congregaba a los residentes de los pueblos en muchos lugares de León, y que tenía como finalidad la narración de cuentos e historias diversas, pero en los que yo participé ya nadie hilaba— que mi abuelo organizaba los sábados, para la familia, en su casa de León, y donde se contaban historias de «huidos» —guerrilleros de la guerra civil, entonces tan reciente…—, de catástrofes, de pueblos sumergidos, de misteriosos emigrantes, de casos curiosos de lo cotidiano, o cuentos populares que estaban entre lo sorprendente, lo humorístico, lo fantástico, lo terrorífico…

Creo que todavía permanezco asistiendo a aquellas veladas, absorto en las historias que contaban y enredado en ellas como cualquiera de sus personajes, y conservo un antiguo «velador» —mesita de un solo pie para el DLE— que debió de sostener las velas en muchas reuniones nocturnas similares y quedar impregnado de historias narradas, porque sentado a él he escrito numerosos cuentos, empezando por *Cuentos del Reino Secreto*, lo que me ha hecho pensar en que ese velador está cargado de tales ficciones…

Mas como fui un lector temprano, tengo también referencias inolvidables de los cuentos del *Calila y Dimna* —en los *Cuentos viejos de la vieja España* (2)— una de mis lecturas en la convalecencia de las recurrentes anginas adolescentes, y muy especialmente del *Cuento de la rata que se transformó en niña.* No puedo resistir la tentación de reproducir la versión que yo hice de este cuento en mi edición del libro en el español contemporáneo (3), porque está tan bien construida que prefiero que ustedes la lean, imaginando que la están escuchando:

Se cuenta que un religioso, hombre bueno cuya voz escuchaba Dios, estaba un día a la orilla de un río cuando se acercó volando un milano que había atrapado a una rata, que se le cayó de las garras delante del religioso. Al religioso le dio pena la rata, la recogió y la envolvió en una hoja, dispuesto llevársela con él. Mas temiendo que fuese difícil de criar, pidió a Dios que la transformase en una niña. Dios atendió su ruego y convirtió a la rata en una niña muy hermosa y gentil. El religioso la llevó a su casa y la crió con mucho cariño, sin contarle nada de su origen y sin que ella dudase de que era su hija. Y cuando cumplió los doce años, le dijo:

—Hijita, ya tienes edad como para no estar sin marido que te mantenga y gobierne y me desembarace de ti, para que vuelva a rezar como antes, sin impedimentos. Escoge el marido que quieras y te casaré con él.

—Quiero un marido que no tenga igual en valentía, fuerza ni poder —respondió ella.

—Pues no hay en el mundo nadie así, sino el sol, que es muy noble y poderoso, superior a todas las demás cosas. Voy a pedirle la merced de que se case contigo.

Tomó el religioso un baño ritual y luego imploró al sol, diciendo:

—¡Oh sol, que fuiste creado para provecho y privilegio de todos! ¡Te ruego que te cases con mi hija, que me pidió como marido el ser más noble y fuerte del mundo!

—Oigo lo que dices, buen hombre, y estoy obligado a no dejar sin respuesta tu ruego, por la honra que Dios te hace y el amor que te tiene, y por tu superioridad entre los hombres. Pero debo decirte que hay alguien más fuerte que yo.

—¿Y quién es? —preguntó el religioso.

—Es la nube, que con su fuerza vence a la mía y no deja que me extienda sobre la tierra.

Se acercó el religioso al lugar donde está la nube de la mar, y la llamó y rogó tal como lo había hecho con el sol. Pero la nube le contestó:

—Oigo lo que dices, y es cierto que Dios me dio más fuerza que a otros muchos seres; mas debo señalarte a alguien que es más fuerte que yo.

—¿Quién es? —preguntó el religioso.

—Es el viento, que me lleva a donde quiere sin que yo pueda impedirlo.

Entonces el religioso llamó al viento y le imploró lo mismo que le había pedido al sol y a la nube, mas el viento le contestó:

—Tienes mucha razón en lo que dices, pero te voy a encaminar a otro que es más fuerte que yo, pues consigue detener mi avance.

—¿Y quién es?

—Ese monte que está detrás de ti.

Se acercó el religioso al monte y le rogó lo mismo que le había pedido al sol, a la nube y al viento. Y el monte respondió:

—Tengo mucho de lo que dices, pero debo informarte de que hay otro más fuerte que yo, que tiene tal poder que no consigo librarme de él y me hace todo el daño que puede.

—¿Y quién es? —preguntó el religioso.

—Es el ratón, que me agujerea por todas partes.

Buscó el religioso al ratón y le habló como había hecho con el sol, la nube, el viento y el monte. Mas el ratón le contestó:

—En efecto, soy tal como dices, el más poderoso y fuerte del mundo, pero ¿cómo puedo yo casarme con una mujer, siendo ratón y viviendo como vivo en una cueva muy pequeña?

El religioso habló entonces con la mocita:

—¿Quieres ser esposa del ratón? Como sabes, hablé con el sol, la nube, el viento y el monte, pero no he encontrado a nadie más fuerte que él, a quien ellos me guiaron. ¿Quieres que ruegue a Dios que te transforme en rata, para casarte con él? Vivirás en su cueva y yo te visitaré a menudo.

—Padre, no dudo de vuestro consejo, y si lo tenéis a bien, hacedlo —dijo la mocita.

Entonces el religioso pidió a Dios que la volviese a transformar en rata, y así resultó: y se casó con el ratón y vivió con él en su cueva, recuperando lo que había sido su naturaleza original.

¿No les parece una historia fascinante? De este cuento se ha dicho que en él se manifiesta el espíritu «clasista» propio de las sociedades antiguas y del medioevo, pero es un ejemplo de que la buena ficción, por muy antigua que sea, siempre se adapta a los tiempos sucesivos, pues en esta historia de la ratita y la niña hoy podemos encontrar otro tema más interesante que el de la imposibilidad de superar las «clases sociales»: el de que ningún poder es omnímodo… Con toda su fuerza, el sol, el viento, la nube, la montaña —símbolos precisos de otros poderes imaginables— no pueden impedir que los pequeños, humildes ratones, mantengan el suyo…

Claro que también fui temprano lector de los cuentos de Gustavo Adolfo Bécquer, de Edgar Allan Poe, de Leopoldo Alas *Clarín,* de Emilia Pardo Bazán, por lo menos… Y de *Las mil y una noches…* Hasta descubrir a Maupassant, a Kipling, a Chéjov, a Gogol… y luego a los cuentistas norteamericanos, y a los cuentistas españoles de los siglos XIX y XX, y al «boom» hispanoamericano.

Recuerdo que, la noche de difuntos, yo era en casa, desde muy pequeño, el encargado de leerle a la familia *El monte de las Ánimas*, y nunca olvidaré la relación entre Alonso y su prima Beatriz, la historia del terrible enfrentamiento entre sorianos y templarios, los cadáveres que, ya como ánimas, vuelven en la noche de difuntos, la bufanda azul que la prima Beatriz ha perdido en el monte, su búsqueda por parte del valeroso Alonso, devorado por los lobos, su fantasma, la muerte de Beatriz a causa del terror… La verdad es que yo lo leía imperturbable, orgulloso de aquella misión, pero siempre me daba un poco de miedo…

Y cuando los cuentos, por su calidad, son capaces de mantener su misterioso poder absorbente, el lector sigue dentro de ellos toda la vida, como ya antes dije, y les aseguro que permanezco dentro de infinitos cuentos a la vez, y ese de Bécquer es uno de ellos… Si un cuento es bueno, lo que quiere decir bello, nunca desaparece. El cuento es un tesoro literario de incalculable valor.

Es también sorprendente para mí que no sea un instrumento básico en la iniciación a la lectura y la literatura dentro de los espacios educativos, porque, a través de él, en muy poco tiempo, se puede hablar con los alumnos de muchas cosas. Creo que ahí hay un grave problema… Ya en una antología de cuentos españoles de siglo xx que publiqué en 2017 —y que la editorial tituló *Los mejores relatos españoles del siglo xx* (4), aunque el título será *Relatos españoles del siglo xx* en la próxima edición—, busqué cuentos que fuesen muy significativos del autor y de su época y estética literaria, de manera que no solo pudiesen entretener a quien los leyese, sino ilustrarlo, porque, cuando yo era escolar, lo hubiera agradecido, aunque aquel fue un lamentable período de la vida española en que leer algo que no fuesen los libros de textos era muy sospechoso...

Por eso yo, que era muy lector gracias a mi padre, amante de los libros, conocí en el colegio a un compañero que también lo era —José María Pariente Viguera, fallecido hace muchos años—, y procurábamos hablar de literatura e intercambiarnos lecturas sin que nadie lo supiese, componiendo una *secta secreta*...

Pero me referiré a los cuentos de ese libro: *Y va de cuento*, de Miguel de Unamuno, me sirve como ejemplo de su concepto de la *nivola*. *Beatriz*, de Ramón María del Valle Inclán es un cuento de *terror*, con las implicaciones estéticas del *modernismo*. *Elizabide el vagabundo*, de Pío Baroja, es una sorprendente *historia de amor*. *El reverso del tapiz*, de Azorín —curioso precedente de Julio Cortázar— me permite explicar la *metaliteratura*, y *Yo y el ladrón*, de Wenceslao Fernández Flórez, el *humor. Fueron testigos,* el cuento de Rosa Chacel, trata de *lo fantástico*, y *Medusa artificial*, de Francisco Ayala, pertenece a cierta *literatura experimental*. El cuento *La gabardina* de Max Aub, sigue la tradición de las historias de *fantasmas*, y

Don Anselmo de Camilo José Cela, resulta la *evocación de un tiempo perdido*. El cuento *En una noche así*, de Miguel Delibes, trata de la *fraternidad en la desdicha*, y *El veraneo*, de Carmen Laforet, nos plantea un ejemplo de *egoísmo insolidario*. Veo en *Aquí un poco de humo*, de Ignacio Aldecoa, entre otras cosas, *el descubrimiento de las novelas por un niño*, y en *Bernardino*, de Ana María Matute, una visión de *la intolerancia, la crueldad y la violencia con los semejantes*. *El doble*, de Jesús Fernández Santos, trata de *la vida difícil de los perdedores*; *La mariposa*, de Medardo Fraile, del *misterio de lo cotidiano*, y *Retirada*, de Carmen Martín Gaite, narra el *hastío de una vida rutinaria*. Por último, *Reichenau*, de Juan Benet, permite *una reflexión sobre argumento y estilo*.

Y es que, volviendo al tema de la formación lectora, cuando doy un curso sobre el cuento suelo decir que hay quienes hablan de que la narrativa breve es un género singularmente adecuado al tiempo fragmentario que vivimos, de prisas y escasos descansos, pero no parecen tener en cuenta que, para acercarse al cuento —como a la poesía—, es necesaria una previa conformación de la sensibilidad literaria. Ni la poesía ni el cuento son en sí mismos productos literarios aceptados con facilidad por la mayoría, aunque, paradójicamente, acaso sean los géneros más adecuados para penetrar en el territorio de la literatura y para empezar a formar el gusto literario.

En el prólogo a mi antología de cuentos propios que publiqué hace dieciséis años —*50 cuentos y una fábula* (5)— escribí:

> Yo entiendo que, para que exista un cuento, con independencia del tema e incluso de la forma, es fundamental el *movimiento*. La naturaleza del cuento —como la nuestra, según Pascal— reside en el movimiento, un movimiento que debe expresarse en forma de tensión. Un cuento debe presentar un proceso dramático o cierta culminación suya —el arranque, el fin, un momento especial—; y si eso no existe, si solo hay estatismo, nos encontraremos ante una prosa poética, o ante un cuadro de costumbres, o ante un fragmento literario acaso muy bello y cuajado de imágenes chisporroteantes, pero no ante un cuento. Con esto no reivindico las unidades clásicas, ni siquiera la decidida ficcionalidad del espécimen, pero sí, tajantemente, el requisito de su sustancia narrativa, que exige movimiento, tensión, conflicto.

También en el *uso del tiempo* puede estar el movimiento. Al fin y al cabo, la literatura es principalmente tiempo, un procedimiento para conservar el tiempo. Materializados en personajes, el conflicto y el tiempo —con ese *escenario* donde se mueven— deben ser los elementos fundamentales de cualquier relato. Incluso antes que la riqueza o la forma del lenguaje. Claro que no hay fórmulas, pero de intentar fijar alguna habría que contar con esos factores, utilizados como mejor convenga: *intensidad de conflicto, precisión de escenario, densidad e identificación de tiempo, y la menor extensión posible* —pues la extensión suele adelgazar la intensidad—.

Claro que, además, todo cuento debería presentar algo arquetípico, capaz de sostener un eco en el recuerdo de quien lo lea. No me refiero solo a la trama, o al asunto, pues pueden ser otros los reclamos —lo peculiar de la acción, la fuerza de la atmósfera, la irradiación del escenario, la actitud de los personajes, la misma gracia conceptual o metafórica con que pueda estar contado—. En fin, algo de todo ello que nos conmueva, nos interese o nos sorprenda, hasta el extremo de permanecer vigente dentro de nosotros. Los cuentos que dejan su sombra en la memoria suelen ser los mejores.

Diré también que, para mí, todo cuento es resultado de una misteriosa fecundación. La semilla, escondida entre los pliegues y recovecos de ciertos lugares reales, salta sobre la imaginación del narrador y allí se mantiene, hasta terminar germinando. La semilla puede tener cualquier apariencia —un rostro, un pedazo de conversación, el color de un vestido, unas manchas extrañas en un mueble, el jirón de un paño, los ojos de un animal en la pantalla de la tele— y es capaz de generar una historia, sin que el ejemplar resultante tenga por qué conservar ninguna de las características de la forma originaria. Seguramente hay en la imaginación del narrador una predisposición a dejar que tales semillas se depositen en ella, y sin duda la disposición proviene de una actitud acechante. El narrador está siempre esperando —por no decir buscando— esas semillas de los relatos, que están presentes en el mundo real pero que solo pueden germinar en los campos de la imaginación, para acabar elevando sus tallos y ramajes en esa otra realidad que es la literatura. En algunos de mis cuentos he intentado reflejar ese acecho del narrador, que no vive libremente, sino sujeto a esa pasión, o manía, de dejarse fecundar por las azarosas semillas del relato. También yo me reconozco escrutando la realidad, al atisbo de tales semillas, y creo que casi siempre he sido capaz de reconocer su naturaleza, aunque es cierto que permanecen dentro de mi imaginación, estériles y confusas, algunas formas que confundí algún día con semillas verdaderas. Quién sabe si algún día germinarán…

Y me parece oportuno señalar ya lo que a mi juicio diferencia el cuento de la novela, y le da su particular belleza. Para empezar, frente a la *extensión —duración—, divagación, dispersión, prolijidad y lentitud,* de la novela, están la *brevedad, intensidad —condensación narrativa—, concentración dramática, concisión expresiva —depuración—* y *rapidez* del cuento. Ojo, no los señalo como defectos sino como características… Y añadiré que el cuento permite una peculiar «libertad formal y expresiva»: no es raro que novelistas practicantes usualmente del realismo escriban un cuento fantástico, por ejemplo. Seguramente que este aspecto depende de la inspiración, del nacimiento de la idea, que, en el caso del cuento, al menos en mi experiencia, proviene de una *iluminación,* y en el de la novela, de una *exploración.*

Mas el valor y la belleza que impregnan el cuento están, sobre todo, en esas características que he citado y a las que voy a referirme con mayor detenimiento: la *brevedad,* la *intensidad —condensación narrativa—,* la *concentración dramática,* la *concisión expresiva —depuración de lo superfluo—,* la *rapidez,* con la *libertad formal…* por lo menos. Vamos a ello.

Algunas veces he recordado la anécdota que ahora voy a relatar.

Era una jornada de Feria del Libro y yo, sentado pacientemente en una caseta tras el habitual acopio de ejemplares de la obra que había publicado aquel año, esperaba la llegada de alguien que mostrase interés hacia ella. Por fin hubo quien se acercó, me miró, tomó en sus manos uno de los libros expuestos, comenzó a hojearlo, y yo eché mano de mi bolígrafo, pensando que por fin iba a firmar algún ejemplar. Mas la persona —no voy a señalar su sexo, para no caer en la posible «discriminación» que ahora tanta ferocidad suscita— levantó la mirada de las páginas y me dijo, con sorpresa: «¡Son cuentos!» «Sí», confirmé yo. Entonces la persona cerró el libro, lo dejó con los demás y, antes de alejarse, exclamó: «¡Es que los cuentos se acaban enseguida!» «¡Esa es una de sus virtudes, precisamente!», exclamé yo. Pero sus espaldas me demostraron que no le importaba lo que yo decía…

Otra anécdota, significativa para mí de la poca resonancia del cuento literario, tiene como ámbito una emisora de radio a la que habíamos sido convocadas personas de distintos campos culturales, en mi caso, como escritor de cuentos. Cuando me tocaba hablar a mí, quien presentaba el programa exclamó, tras una señal que hizo sonar una música demasiado simple y graciosa: «¡Niños, niñas, acercaos a la radio, que ahora vamos a hablar con un señor que sabe mucho de cuentos!». Yo, sin perder la calma, hablé ante mi micrófono con su mismo tono y estilo: «¡Niños, niñas, seguid con lo que estabais haciendo, que estos cuentos míos no tienen nada que ver con vosotros!».

Como es lógico, la persona locutora no volvió dirigirme la palabra, pero entonces tuve una inolvidable conciencia de la idea de que muchísima gente relaciona el cuento exclusivamente con el mundo infantil.

Esa ignorancia, menosprecio y hasta rechazo del cuento no es raro encontrarlo en el entorno del mundo literario, como si lo breve, en materia de invención literaria, fuese acreedor de menor estima que lo extenso, consideración que solo puede provenir de la incuria o de la estulticia, y así el cuento literario, hijo del cuento oral —la forma más antigua de ficción—, ha acabado siendo, desde la aceptación lectora, un familiar de poca monta de la novela…

Mas la *brevedad* es el rasgo más característico de la personalidad del cuento y de su belleza.

En alguna otra ocasión he señalado que acaso fue Edgar Allan Poe el primer escritor que puso en cuestión el tamaño, a la hora de valorar una ficción: «Durante largo tiempo ha habido un infundado y fatal prejuicio literario que nuestra época tendrá a su cargo aniquilar: la idea de que el mero volumen de una obra debe pesar considerablemente en nuestra estimación de sus méritos» (6).

Por un lado, la afirmación de Poe inicia un debate entre narrativa larga y breve que se irá enriqueciendo a lo largo del siglo XX; por otro, en ella se transparenta también una queja que, al menos desde él, han compartido muchos escritores de narrativa breve.

Con su habitual tendencia a sorprender, Camilo José Cela dijo en cierta ocasión que lo único en que se diferenciaban cuento y novela era en la extensión. Poe había sido más fino y preciso, al establecer la diferencia en el plazo de tiempo de lectura, que en el caso de los cuentos es mucho más breve que en el de las novelas. En todo lo demás —espacio físico, tiempo, conductas, asunto, forma del texto— ya apuntó Borges que un cuento «puede estar tan cargado de complejidades y de intenciones como una novela».

Mas ¿a qué llamamos brevedad? ¿Es también «cuento» un minicuento o microrrelato? ¿A qué género pertenece la llamada «novela corta», al cuento o a la novela?

Cuando discuto a propósito de este asunto, me gusta decir que, ahora, en que las matemáticas ya no son consideradas «ciencias exactas», es absurdo pedirle «exactitud» a la creación literaria. Posiblemente es *cuento* la ficción que se lee de un tirón —esa afirmación también la hizo Edgar Allan Poe— aunque ese «tirón» pueda ser distinto según quien lee… Para mí, a partir de las 25 páginas, más o menos, entramos en el espacio de la «novela corta» que no sé cuándo se convierte en «novela canónica»… y el microrrelato o minicuento no debería pasar del folio y medio, aunque esto es también discutible…

En este aspecto, quiero recordar que, durante los años 2001 y 2002, Luis Mateo Diez y yo dirigimos una colección, impresa con letra generosa y precedida de una presentación, titulada *Obras maestras de la novela corta* (7), que comenzó con *Doña Berta*, de *Clarín,* y terminó en el número 13 —por falta de interés lector, todo hay que decirlo— con *Dafnis y Cloe*, de Longo de Lesbos, y donde incluimos *Noches blancas* de Fiodor Dostoyevski; *El fantasma de Canterville,* de Oscar Wilde; *El castigo de la miseria*, de María de Zayas; *Gaspar Ruiz*, de Joseph Conrad; *Felicidad conyugal*, de Leon Tolstoi; *Una invernada entre hielos*, de Julio Verne; *Daisy Miller*, de Henry James; *Ondina*, de La Motte Fouqué; *El ingenuo*, de Voltaire; *Clara Milich*, de Ivan Turguéniev y *Torquemada en la hoguera,* de Benito Pérez Galdós.

Sin duda, la mayoría de las novelas cortas tienen más de cuento que de novela, porque en ellas se pueden apreciar muchos de los caracteres cuentísticos. Entre otros, la hermosa brevedad: *lo bueno, si breve, dos veces bueno*, como señaló Baltasar Gracián.

En lo que se refiere a los minicuentos o microrrelatos —las ficciones de una página o página y media, como mucho—, ya antes reproduje un cuento del *Calila y Dimna*, libro procedente del *Panchatranta* indio, siglo III, que en el siglo XIII se tradujo al castellano por orden del rey Alfonso X el Sabio, tras pasar por el persa palevhi y el árabe, y que dentro de su trama —la relación entre un rey y su consejero— lleva más de 70 bellísimos microrrelatos.

Quiero decir con esto que el cuento muy breve es el antecedente seguro del cuento canónico, y si citase a Esopo y sus fábulas retrocedería aun más en el tiempo del cuento escrito: al siglo sexto antes de Cristo. Como asegura Vladimir Propp al hablar de *Las raíces históricas del cuento* (…maravilloso) (8), hay que buscar los orígenes del cuento en «la realidad del pasado».

Yo he escrito minicuentos de una línea, como por ejemplo uno que se titula *La última cita*:

Hola, susurra, y comprendo que esta vez ya no despertaré.

Y una vez que me pidieron el cuento más breve que se me pudiese ocurrir, escribí esto:

No érase ninguna vez.

Mas, a veces, he considerado «cuentos», ciertas novelas cortas que he podido leer en menos de hora y media, pero porque, aparte de su relativa brevedad, tenían otras características propias del cuento, que continuaré señalando.

INTENSIDAD

La brevedad del género determina otra característica, su *intensidad*, una condensación de fuerza y de verosimilitud narrativa, de lo que podría desarrollarse prolijamente de no tener la restricción del espacio.

Puede decirse que, en materia de narrativa literaria, *extensión es inversamente proporcional a intensidad*. La narración breve es un arte depurado, en el que es preciso eliminar lo superfluo, todo lo que no sea absolutamente imprescindible para la construcción del relato.

En el género breve, la economía de medios es una regla de oro que en la novela no tiene por qué cumplirse a rajatabla. La renuncia a lo superfluo, la economía, nos llevan en el cuento *al juego de lo visible y lo invisible.* En la narrativa breve hay que conseguir la primacía de la sugerencia, preparar al lector para que desarrolle sus intuiciones sin que sea obligado contárselo todo, y en esa estimulación de la curiosidad lectora está otra de las claves de su secreto.

Se podría aventurar que la narrativa larga es una especie de viaje a lugares lejanos, con excursiones ocasionales, desvíos de la ruta principal, en esa divagación del viajero no acuciado por un destino urgente, mientras que la narrativa breve es siempre *un viaje al centro*, a un lugar que necesitamos localizar y conocer sin demora, sin permitir que nada nos distraiga de nuestro objetivo. Un viaje al centro que no tolera excursiones, ni siquiera digresiones de paseante.

Pues hay un elemento que separa tajantemente la novela del cuento, y es el de los intermedios, los pasadizos, las zonas de transición a las que la novela es tan aficionada, y que pueden abundar a lo largo de su texto sin que el conjunto se resienta demasiado, pero que en el cuento deben de ser eliminados sin consideración, ya que, en su forma, el cuento viene determinado por la síntesis y la aceptación de las restricciones como valores en sí mismos.

Los pasajes intermedios, los añadidos discursivos, los interludios, están en el cuento rigurosamente prohibidos. El cuento tiene que ir al grano, como señala la vieja locución adverbial, a la parte sustancial.

Por eso la eliminación de lo superfluo, la depuración narrativa, el gusto por las síntesis y lo elusivo, el no desvelar del todo lo que se cuenta, tan evidentes en la narrativa breve, conforman una manera de leer, establecen un aprendizaje y hasta una gimnasia estética, ayudan a construir criterios de refinamiento para apreciar cada vez más la sustancia que ofrece la verdadera literatura.

En esa lectura se fragua el buen gusto lector, el que permite que podamos distinguir entre los productos con vocación de permanencia y los de mero consumo de temporada, la verdadera calidad de la pura apariencia.

Esa intensidad, que señalo como característica, no para oponerla a una supuesta «debilidad» de la novela —que en muchas ocasiones también manifiesta la intensidad, pero que en otras puede prescindir de ella, en cuanto se trata de un mundo polifacético, y por ello muy diverso para la satisfacción lectora— hace que los cuentos, largos o cortos, ofrezcan un fulgor especial, y en ese sentido sean paradigmáticos de ciertos aspectos fundamentales en lo narrativo: *la capacidad de emoción, la vigencia de lo simbólico, la impregnación metafórica*. Por eso son tan adecuados para descubrir la naturaleza de lo literario. Con el resto de los especímenes de la narrativa breve, *las narraciones breves son el instrumento idóneo para la formación del gusto lector*, insisto.

Como ejemplo de intensidad, y además de delicioso humor, reproduciré un microrrelato de Luis Mateo Díez que pertenece a su libro ***Los males menores*** (9):

Amores

Cuando Amparo me dijo que no me quería, después de seis meses de tenaz noviazgo, me recluí en casa de mi tía Eredia por espacio de tres meses.

El amor de Luisina un año más tarde vino a curar aquella herida que seguía sin cerrarse. Fue un tiempo corto, eso sí, de felicidad e ilusiones. Entender la decisión de Luisina de abandonar el mundo para profesar en las Esclavas me costó una úlcera de duodeno. A mi natural melancolía se unió esa tristeza sin fondo que ni los auxilios espirituales logran paliar.

Irene llegó a mi vida en un baile de verano al que mi amigo Aurelio me llevó como quien dice a punta de pistola. Que dos años más tarde aquella tierna seductora se fuese precisamente con Aurelio, yugulando a un tiempo amor y amistad, fue lo que provocó, en el abismo de la desgracia sentimental, mi hospitalización.

Antonia era una enfermera compadecida que me sacó a flote usando todos los atributos que una mujer puede poseer. El amor del enfermo es un amor sudoroso y lleno de pesares, más frágil que ninguno. Cuando una tarde vi a Antonia y al Doctor Simarro besándose en el jardín me metí para el cuerpo un tubo de aspirinas. Gracias como siempre a mi tía Eredia, culminé tras la crisis la desolada convalecencia y, cuando definitivamente me sentí repuesto, comencé a considerar la posibilidad de retirarme del mundo, habida cuenta de que mis convicciones religiosas se habían fortalecido.

Fue entonces cuando me escribió Amparo reclamando mi perdón y reconociendo la interpretación errónea que había hecho de su amor por mí. Nos casamos en seguida y todo iba bien hasta que Luisina, que colgó los hábitos, volvió para recuperar mi amor e Irene y Antonia, bastante desgraciadas en sus respectivos derroteros sentimentales, regresaron para restablecer aquella fidelidad herida convencidas, cada una por razones distintas, de que único amor verdadero era el mío.

Mi tía Eredia anda la mujer muy preocupada y yo, como dice mi amigo Gonzalo, sobrellevo con astucia y aplomo desconocidos mi destino, trabajando en tantos frentes a la vez. Y me voy convenciendo de que existe una rara justicia amorosa que nos hace cobrar los abandonos, aunque su aplicación puede acabar resultando perjudicial para la salud.

En esa intensidad, que en el caso de este cuento está marcada por dos opuestos sentimientos, la desolación de la pérdida y el regocijo, cada vez más complicado, de la recuperación, hay una notable condensación narrativa. Por razones de espacio, estoy utilizando como referentes de mi texto cuentos muy cortos, pero esa intensidad cargada de condensación narrativa es señal segura de toda la narrativa breve, y señal inequívoca de su belleza literaria.

Reproduciré ahora el segundo cuento, este de Juan Pedro Aparicio, incluido por su autor en el libro *La mitad del diablo* (10):

Cielo

Iba por el bosque con mi perrita cuando la perdí de vista, algo bastante frecuente y que sólo me preocupaba cuando estábamos cerca de la carretera, como era el caso. La llamé con insistencia, silbé, pero no acudió. «Boni, Boni» —seguí voceando.

De repente, de entre la espesura vi correr hacia mí a un perro. Tenía ese trote saltarín, con las orejas subiendo y bajando, que obedece a la llamada del cariño. Pero no era Boni, aunque, cuando llegó a mí, intentó encaramárseme. Se trataba de una perrita común de pequeño tamaño, con la piel negra y blanca. Le hice una caricia y seguí llamando a Boni. Enseguida vi venir a otro perro, un setter de color cobre, de magnífica estampa cazadora, que también se acercaba jubiloso. Y, mientras la perrita y el recién llegado me hacían carantoñas con sus saltos, moviendo los rabos como hélices, yo seguía voceando el nombre de Boni.

Un tercero apareció. Era un cachorro de apenas dos meses, gris y juguetón. Mi padre me había regalado uno igual, un perro lobo, decía él, cuando yo era niño y se me había muerto de parálisis un mes después. Lo llamábamos Tobi. Algo confundido, insistí en mi llamada, y sólo cuando vi venir a dos perros más empecé a comprender. Eran Freak y Bolo, los últimos que había tenido, que se acercaban con idéntico alborozo.

Entonces reconocí también a todos los demás. Con cuánta emoción abracé a mi perrita Lista, la primera en venir, que seguía lamiéndome la cara, y a la que, siendo yo muy niño, mató un coche; a Sol, el perro de Franquito, el único que murió de viejo; a Tobi, el pobre cachorrillo que llevé imprudentemente a un baño en el río.

El médico me había prevenido contra las emociones fuertes y tuve miedo de que mi cansado corazón fuera a estallar, incapaz de soportar el júbilo que el abrazo de todos los perros que alguna vez había querido me provocaba, saltando y brincando sobre mí. Faltaba, sin embargo, Boni. Y, cuando la vi acercarse a la carrera, con ese trote que es una declaración de amor, ya sabía que estábamos en la otra vida.

Como hemos visto, las sucesivas recuperaciones no solo van incrementando el misterio y el interés del cuento, sino que establecen sólidamente una composición que al final se resolverá con brillante sorpresa.

Y me detendré un momento para explicar que tanto el cuento de Luis Mateo Díez como el de Juan Pedro Aparicio, suelen formar parte de los textos que ambos y yo leemos en los filandones que con cierta frecuencia celebramos, y con los que hemos recorrido muchos lugares de España y de Europa, aunque también hemos estado con ellos en La Habana, Nueva York, Moscú, Taiwan… Y debo asegurarles que, en nuestros filandones *posmodernos* —así los llamo— en los que charlamos y leemos minicuentos, solemos embelesar al público, incluso aunque deba mediar la traducción a otro idioma…

Pero voy a continuar con la *Intensidad*…

Ya en su ensayo *La filosofía de la composición* (11) Edgar Allan Poe señaló:

> De entre los innumerables efectos o impresiones de que son susceptibles, el corazón, el intelecto o (más generalmente) el alma, ¿cuál elegiré en esta ocasión? Tras escoger un efecto que, en primer

término, sea novedoso y además penetrante, me pregunto si podré lograrlo mediante los incidentes o por el tono general —ya sean incidentes ordinarios y tono peculiar, o bien por una doble peculiaridad de los incidentes y del tono—; entonces miro en torno (o más bien dentro) de mí, en busca de la combinación de sucesos o de tono que mejor me ayuden en la producción del efecto…

Si una obra literaria es demasiado larga para ser leída de una sola vez, es preciso resignarse a perder el importantísimo efecto que se deriva de la unidad de sensación (…) pues resulta claro que la brevedad debe hallarse en relación directa con la intensidad del efecto buscado, y esto último con una sola condición: la de que cierto grado de duración es requisito indispensable para conseguir un efecto cualquiera…

Mi segunda preocupación fue la de elegir la sensación o el efecto que el texto produciría; desde ahora puedo señalar que, en todo momento de su composición, no descuidé un instante la intención de hacerlo *universalmente* apreciable.

Señalaré al respecto que, en casi todas las composiciones, el punto de mayor importancia es la unidad de efecto o impresión (…). Y sin unidad de impresión no se pueden lograr los efectos más profundos.

Por otra parte, tanto el cuento de Luis Mateo Diez como el de Juan Pedro Aparicio muestran la recuperación de ese «final sorpresa» que la narrativa corta de la segunda mitad del siglo veinte había por lo general abandonado, y que resulta tan atractivo para gran parte de la ficción breve.

CONCENTRACIÓN DRAMÁTICA

Un ejemplo sería *El celoso extremeño*, de Miguel de Cervantes, que con sus *Novelas ejemplares* resultó padre de la novela corta o cuento largo en lengua española. En él ha renunciado a todo lo que, sin que el caso pierda interés ni claridad, pudiera haber afectado a su intensidad dramática.

Para empezar, de la vida del *celoso* Carrizales podía haber contado mucho más, y la brevísima alusión inicial a su trato con las mujeres nos hace suponer que acaso una ampliación del tema, en los tiempos anteriores a su partida a Indias, hubiera abundado en el perfil de su carácter. Lo mismo puede decirse de la *jovencísima* Leonora, la muchacha hidalga pero pobre, cuya simplicidad y posibles sueños hemos de deducir de su comportamiento.

Es admirable la concisión con que Cervantes describe el inexpugnable bastión destinado a su vida conyugal y el entorno de la servidumbre seleccionada para ello, que tenían materia suficiente para haber alargado bastante más el texto. Ese Loaysa, *mozo gandul y pícaro* que intenta asaltar la fortaleza del viejo celoso, está también creado con los datos imprescindibles para que el lector lo conozca, pero su figura y la de sus amigos y confidentes hubieran dado juego para aumentar el texto notablemente.

Puede decirse otro tanto de lo que nos imaginamos que es la vida cotidiana en el bastión del celoso, bajo la administración de *la dueña* Marialonso. En cuanto a los diálogos y situaciones que figuran en el texto, tan chispeantes y divertidos, el lector comprende que podrían haberse multiplicado fácilmente si el propósito narrativo de Cervantes no hubiera sido el de dar a la historia esa asombrosa concentración dramática que, de otro modo, se hubiera sin duda diluido en el recorrido de una comedia de costumbres.

Viaje al centro en el que no se permite ninguna distracción del asunto principal, *El celoso extremeño* muestra claramente que la novela corta, como el cuento, tiene mucho de mecanismo de relojería, de artefacto en que toda la maquinaria está al servicio del mismo movimiento, y en el que no pueden tolerarse los devaneos argumentales ni las desproporciones dramáticas.

Esa concentración o condensación —que se señala como característica, no para oponerla a la supuesta «dispersión» de la novela, tantas veces fecunda para la satisfacción lectora— hace que los cuentos, largos o cortos, ofrezcan un fulgor especial, y en ese sentido sean paradigmáticos de ciertos aspectos fundamentales en lo narrativo: *la capacidad de emoción, la vigencia de lo simbólico, la impregnación metafórica*. Por eso son tan adecuados para descubrir la naturaleza de lo literario. Con el resto de los especímenes de la narrativa breve, *las narraciones cortas son el instrumento idóneo para la formación del gusto lector,* como señalé antes.

Insisto en que no deja de ser sorprendente que el sistema educativo, en momentos en que tan severamente se diagnostica un alejamiento cada vez mayor de la lectura por parte de los jóvenes, atraídos casi en exclusiva por la insoslayable llamada de lo audiovisual, no proponga utilizar, como vías naturales de acceso a la literatura de ficción, los cuentos literarios y las novelas cortas.

CONCISIÓN EXPRESIVA

En esta ocasión voy a iniciar el apartado reproduciendo un cuento de mi propia cosecha, que forma parte de los *Cuentos del libro de la noche* (12).

La gran catarata

La avioneta nos conducía hacia la gran catarata, el salto de agua natural más grande del mundo, millones de metros cúbicos de impetuosa corriente lanzados al abismo entre la soledad huraña de la selva.

Visitarla, conocerla, había sido el motivo principal de aquel viaje nuestro, que en cierto modo, y aunque fuese el premio mayor de un concurso, venía a sustituir una luna de miel que no habíamos podido cumplir cuando nos casamos, bastantes años antes.

El bramido de la gran catarata llevaba su eco inacabable hasta el hotel en que nos alojábamos, un espacio lujoso a bastante distancia del lugar, y era el anuncio seguro de su inmensidad, un aliento sonoro en la selva profunda que señalaba la potencia del flujo acuático y el vertiginoso precipicio que lo hacía desplomarse en su gigantesca caída.

La mañana, cálida, estaba muy brumosa, aunque el piloto había dicho que pronto despejaría. Era un tipo moreno, pequeño, flaco, que se movía con una mezcla de precisión y nerviosismo, y que parecía un apéndice natural del vehículo, pintado con un rojo vivo y con muestras evidentes de veteranía, aunque todas sus piezas móviles brillasen como metales preciosos, para demostrar la segura atención que recibían.

La cabina era capaz de albergar solamente a media docena de tripulantes, y las tres parejas que íbamos a visitar la gran catarata nos habíamos acomodado en la estrechez de los asientos y abrochado los cinturones de seguridad, mientras el piloto había ido conduciendo la avioneta a lo largo de la pista de tierra, en cuyo extremo una manga descolorida y fláccida señalaba la placidez de un día sin viento.

Cuando la avioneta despegó, yo había percibido algo inusual tras el asiento que ocupaba mi mujer, delante del mío. Encastrado entre el fino zócalo de plástico y la pared de la cabina había un objeto verde, que no tenía aspecto de pertenecer a la estructura del aeroplano. Me incliné y, extendiendo con dificultad el brazo, logré tocarlo con un dedo: parecía un lápiz.

Al tocarlo, el objeto se escurrió para encajarse más entre el zócalo y la pared, pero forzando mi cuerpo en la angostura del asiento que ocupaba, volví a tocarlo y lo empujé poco a poco, hasta hacer asomar una parte importante de su envergadura. En efecto, se trataba de un lapicero de cuerpo hexagonal, de esos que llevan una goma incrustada en un extremo.

Tal como estaba colocado, el lapicero podía moverse bien en el sentido longitudinal, resbalando a lo largo del resquicio, pero era difícil sacarlo de aquella especie de encastradura en que había venido a quedar atrapado.

Un grito de mi mujer, y exclamaciones de los demás viajeros, llamaron mi atención: la bruma se iba disipando y a lo lejos se divisaba un enorme muro blanquecino que resaltaba entre la espesa vegetación de la selva, aún negruzca, como impregnada de noche, a la luz primeriza de la mañana. Todavía no podía distinguirse la corriente real del agua pulverizada que debía de resultar la natural salpicadura de su desplome a tantos metros de altura.

La avioneta se inclinó sobre un ala para modificar el rumbo y vi que el lapicero se había desplazado ligeramente fuera de su casual alvéolo. Si tuviese un alambre, un vulgar clip para papel, sería fácil extraerlo, pensé.

—¡La catarata, la catarata! —exclamó mi mujer, con excitación.

También gritaban los demás pasajeros, con voz jubilosa, asombrada, y descubrí que el muro blanquecino, mucho más cercano, quedaba a nuestra derecha, y que ya era posible identificar con mayor claridad la corriente del agua, separada en diversos ramales, precipitándose sobre el enorme vacío, y la especie de nube blanquecina que surgía como el vapor de una gigantesca ebullición. Se me ocurrió que acaso una de las patillas de mis gafas podía servirme de gancho para sujetar el lapicero y hacerlo salir. El ruido del motor empezó a quedar oculto tras el ruido de la gran catarata. Era más que un bramido o un rugido, una trepidación que lo ocupaba todo, como si en lugar de una vibración sonora fuese una masa sólida, invisible, que iba inundando la cabina sin que nada pudiera remediarlo.

Entonces mantuve cuidadosamente doblada una patilla de las gafas y extendí la otra. La avioneta se inclinó más y pude enganchar el extremo del lapicero. El ruido de la gran catarata era ya ensordecedor, y se sentía palpitar dentro del pecho. Parecía que un nuevo corazón hubiese sustituido al habitual y sacudiese la sangre con locos latigazos, y también la avioneta daba bruscos saltos que hacían bastante ardua mi labor.

Incrustando mi torso en el estrecho espacio que separaba mi asiento del respaldo anterior, me agaché todo lo que pude y, ayudándome con la otra mano, intenté completar la extracción. Aunque procuraba no perder la sujeción con que la patilla enganchaba el lapicero, éste se soltó varias veces. Al fin pude sujetarlo con firmeza y, con mucho cuidado, forzando el borde del fino zócalo, conseguí sacarlo del todo.

Descubrí de repente que, mientras tanto, el ruido de la gran catarata se había hecho otra vez menos intenso. La cabina se iba vaciando de sonido y yo me sentía menos oprimido en mi asiento e incluso respiraba con mayor libertad. Mi mujer tenía la cabeza vuelta y yo volví también la vista para contemplar el enorme muro blanquecino del que nos íbamos alejando.

—¿No te ha parecido impresionante? —me preguntó mi mujer, a voces.

Asentí con la cabeza, confuso. En uno de los lados del lapicero había una leyenda impresa, en letras doradas: *germany, dessin 2000, faber-castell.*

Si he elegido este cuento mío no es por petulancia, sino porque originariamente tenía más del doble de extensión. Tal vez fascinado por ciertos recuerdos de algún viaje, en la primera redacción incluí más detalles del hotel, del avión, de las conversaciones entre el matrimonio —por el interés que suscitan en la mujer las pesquisas del marido con el zócalo—. Mas, al fin, quedó reducido a lo que es.

Y debo contar otra anécdota. Leí este cuento en una intervención pública, y lo puse como ejemplo del viejo proverbio: *A veces los árboles no nos dejan ver el bosque*. Mas uno de los asistentes pidió la palabra y dijo que él no lo había entendido así, sino como aquella sentencia que, al parecer, es de Rudyard Kipling: *Cuando quieras hacer algo, hazlo. No esperes hasta que las circunstancias te parezcan favorables*. Lo cual me alegró, pues creo también que el sentido de la literatura está su fuerza para suscitar distintos significados…

En cualquier caso, la concisión expresiva es una de las exigencias del cuento. Decir lo más que se pueda con las menos palabras posibles…

Como mientras escribo este ensayo se celebra el 150 aniversario del nacimiento de Pío Baroja, voy a transcribir uno de sus cuentos, procedente de *Vidas sombrías* (13).

Yo leí a Baroja en la biblioteca familiar, cuando era muy joven, en los ocho tomos de sus obras completas que reunió Biblioteca Nueva de 1946 a 1951, y que aun conservo. Muchos años más tarde, cuando me pidieron un ensayo sobre su obra, comencé a releerlo y descubrí que mi lectura juvenil de Baroja había sido una inmersión tan brutal en la melancolía que creo todavía no he salido de ella.

Marichu

La noticia corrió de boca en boca. Marichu, la mujer del caserío Aitola, tenía una enfermedad rarísima, que se le había presentado dos o tres semanas después del parto. Tan pronto comenzaba a reír con estridentes carcajadas, como lloraba amargamente y prorrumpía en desgarradoras quejas.

Corrieron los rumores de que tenía los demonios en el cuerpo, y se dijo también que un hombre misterioso, al pasar junto al caserío de Marichu, y al mirar a ésta, le había hecho mal de ojo.

La curiosidad de los labradores vecinos estaba excitadísima, las conversaciones abundaban; unos opinaban que lo mejor era avisar al cura, otros creían más lógico el llamar a una vieja gitana, medio mendiga y medio bruja, que tenía fama de curar el mal de ojo a las personas y a los animales.

Un día dos muchachas de la vecindad se impresionaron tanto al ver a la enferma, que comenzaron a reír y a llorar con ella, y con este motivo y como primera providencia, se avisó al cura del pueblo. El cura bendijo la casa, conjuró a los espíritus para que salieran del cuerpo de la poseída; pero los exorcismos suyos no produjeron efecto alguno. Entonces se llamó a la gitana.

Llegó ésta en seguida de ser avisada y se instaló en la casa. Hizo sus preparativos. Cosió una almohada con tela de sacos, la llenó de salvado, después retorció varias ramas secas, y con ellas formó dos antorchas.

Por la noche, a las doce en punto, entró en el cuarto de la enferma, y sin hacer caso de sus gritos ni de sus lamentaciones, le ató a la cama. Luego encendió las dos antorchas e hizo que Marichu apoyara la cabeza en el saco de salvado mientras que ella rezaba. A veces se interrumpía y obligaba a la enferma a tragar un terrón de sal; otras veces murmuraba por lo bajo el nombre de los tres reyes magos…

Al día siguiente, Marichu estaba curada.

Pasaron siete días, y, al cabo de ellos, la suegra de Marichu, que la odiaba, la insinuó una idea terrible: le dijo sonriendo, con una sonrisa extraña, que si se había curado era haciendo pasar su enfermedad al cuerpo de su hijo, del hijo mayor; por eso el niño estaba siempre triste. Y era verdad; desde aquel momento, el niño, que era muy hermoso, se fue poniendo pálido, muy pálido, y dejó de sonreír alegremente. Una noche quedó frío, acurrucado en el regazo de su madre, con los ojos abiertos. Un moscardón muy negro anduvo revoloteando junto a él…

La madre siguió meciendo al niño, y viendo que no despertaba le envolvió en un mantón salió de casa y tomó la vereda que conducía a la casa de la vieja mendiga.

Iba haciéndose de día; un montón de nubes blanquecinas se deshilachaban en el azul pálido del cielo, el sol, tibio y sin fuerza, empezaba a iluminar las cumbres de los montes, cubiertas de aliagas de amarillenta flor y de helechos mustios y rojizos.

En la cima del monte, Marichu se detuvo para tomar aliento; el viento frío le hizo temblar y estremecerse…

En una hondonada estaba la vivienda de la vieja, una antigua casa destruida por las llamas, que la gitana había ido restaurando poco a poco. Marichu entró sin llamar. A la luz de una hoguera que ardía en el suelo se veía el interior de la casa, que no tenía más que un cuarto; en el fondo de éste había una cama sobre un montón de tierra, y a los dos lados, en las paredes, unas cuantas vigas servían de vasares, y sobre ellos estaban colocadas un sin fin de cosas inútiles cogidas por los caminos, clasificadas por orden de tamaños: jarros sin asa, pucheros cascados, barreños sin fondo.

Junto a la hoguera, la vieja mendiga hablaba con un hombre decrépito, encorvado y de pelo blanco.

—¿Eres tú? —preguntó a Marichu la mendiga al verla, con voz ronca— ¿A qué vienes a mi caserío?

—A que veas a mi hijo.

—Está muerto —dijo la gitana después de contemplarle.

—No. Está dormido. ¿Qué le daré para que despierte?

—Te digo que está muerto; pero si quieres haré un cocimiento con siete plantas…

—Gitana —dijo entonces el hombre—, lo que

vas a hacer no servirá de nada. Si quieres despertar a tu hijo —añadió, dirigiéndose a Marichu, mirándole fijamente con sus ojos grises, que brillaban bajo las cejas blancas—, no tienes más que un remedio: que te alberguen en una casa en donde la familia que viva bajo su techo no recuerde una desgracia próxima. Anda, ve a buscarla.

Marichu salió de la casa con el niño en brazos, y, sin esperar más, fue recorriendo los caseríos de los alrededores. En uno acababa de morir el padre; en otro volvía el hijo del servicio declarado inútil, con los pulmones llenos de tubérculos y un par de meses de vida; aquí se moría una madre, dejando cinco niños abandonados; allá, un enfermo marchaba a un asilo de la capital, porque ninguno de sus hermanos, que estaban en holgada posición, querían recogerle.

Del campo, Marichu fue a la aldea, y de la aldea pasó a una gran ciudad, y luego a otra y a otra, y en todas partes reinaba la tristeza y en todas partes el dolor. Cada pueblo era un inmenso hospital lleno de carne enferma, que se quejaba con gritos delirantes.

El remedio del viejo era imposible de emplear. A todas partes llegaba la desgracia; a todas, la enfermedad, a todas, la muerte.

No, no, había remedio; era necesario vivir con el corazón apenado; era necesario tener como compañeros de la existencia a la tristeza y al pesar.

Marichu lloró, lloró largo tiempo, y luego, con una desesperación tranquila, volvió a su casa a vivir al lado de su marido.

Toda la visión pesimista y sombría del mundo que tuvo Baroja está condensada, concentrada, en este hermoso cuento, en el que no sobra nada, pues ese elemento peculiar, como la gitana bruja, tiene sentido para diagnosticar la enfermedad del hijo de Marichu y encaminar la historia a su visión demoledora del mundo.

Y eso nos conduce al tema de la RAPIDEZ, que está íntimamente relacionado con la BREVEDAD. El movimiento, del que hablé al principio, imprescindible para toda la narrativa, larga o corta, en el segundo caso tiene una peculiar rapidez, que le da una sustancia especial.

*

Como señalé en el texto inicial, todo cuento debe buscar la *originalidad*, mostrar su contenido con las mínimas palabras posibles, pues no es la cantidad de palabras lo que importa, sino su intensidad expresiva. Y mantener lo que pudiéramos denominar un sentido musical en palabras y párrafos, mediante un lógico y equilibrado sentido de la construcción. Se me puede objetar que eso es también aplicable la narrativa larga, pero, como sabemos, la literatura está llena de magníficas novelas —empezando por *El Quijote*—, donde el autor cambia el nombre de un personaje, o se olvida de un asunto… sin que el conjunto desmejore. Eso no es excusable en el cuento.

Por último, me gustaría referirme a dos temas, uno el del *punto de vista* y otro el de la *temática*. En cuanto al punto de vista, el cuento no difiere de la novela, y puede mantener con toda holgura y gracia el narrador personaje, que vive u observa la acción desde dentro, siendo personaje —protagonista o testigo—, como el no personaje, que observa la acción desde fuera, con una mirada omnisciente u objetiva, de alguien cercano a los sucesos narrados. Como señalaron Brooks y Penn Warren en *El entendimiento de la ficción* (1943) (14), el narrador protagonista y el narrador omnisciente pueden analizar procesos mentales, mientras que el narrador testigo y el objetivo observan solo manifestaciones externas. Y estos planteamientos determinan la *voz narrativa:* el narrador personaje suele utilizar la *primera persona,* y si es protagonista cuenta su propia historia, mientras que el narrador testigo u objetivo cuenta lo que ve o lo que sabe, en *primera* o *tercera persona.*

La *primera persona* tiene gran facilidad de identificación, y es cómoda de desarrollar, porque además puede saberlo todo o no enterarse, dándole a quien lo escribe muchas posibilidades para estimular la lectura, pero siempre hay que considerar si está justificada dramática y técnicamente. La *tercera persona* permite contar todo lo que interese a quien lo escribe, pero es demasiado usual.

De lo que no hablaron Brooks y Penn Warren fue de la *segunda persona,* el *tú narrativo,* que a mí me interesa mucho y he utilizado en novelas y cuentos. Creo que permite crear una sugestiva atmósfera poética y jugar de un modo especial con la memoria, aunque como especial limitación tiene el peligro del estatismo. En ocasiones, esta *segunda persona* se relaciona con el llamado «flujo de conciencia».

En cualquier caso, cuente quien cuente el cuento —valga la redundancia—, sea cual sea el punto de vista, hay que dejarle las cosas claras a quien lo va a leer. En el mundo del cuento, incluso lo ambiguo debe ser preciso, y valga la contradicción.

Como ejemplos de la libre utilización del punto de vista en el cuento, voy a reproducir tres cuentos brevísimos de mi propia cosecha:

1. Primera persona

Miedo escénico

Llego al punto de la cita, junto a un teatro. Mis amigos me esperan, alegres pero nerviosos. En esa ciudad extranjera y desconocida, siento que he cumplido con un importante compromiso al recordar el lugar exacto de nuestro encuentro y llegar a la hora. Mis amigos me llevan a toda prisa hasta una puertecita en la pared, y me conducen, casi en volandas, escaleras abajo. Me dejo manejar, sin pensar en nada, satisfecho, aceptando sus manoseos como caricias. Me maquillan, me ponen una peluca, me visten con ropas gruesas y pesadas. Lo acepto todo plácidamente, como un juego, porque son mis amigos y no necesito saber en qué van a parar sus esfuerzos, aunque estoy seguro de que no va a ser una sorpresa desagradable. Por fin me sacan de aquel lugar y me llevan a otro espacio oscuro, donde me dejan, antes de alejarse y desaparecer. Un largo chirrido suena en el silencio, se enciende de repente la luz y me encuentro solo en medio de un salón en que relumbran tres paredes cargadas de espejos y cuadros. Miro hacia el lugar que correspondería a la cuarta pared y comprendo que estoy en un escenario, desde donde puedo vislumbrar las cabezas de los espectadores que llenan el teatro, sentir el poderoso aliento de su curiosidad, mientras esperan que comience la función con las palabras que debe pronunciar el personaje que yo interpreto, un texto y una trama que no conozco, que ni siquiera soy capaz de imaginar. Nunca he sentido tanta confusión.

2. Segunda persona

Después del accidente

No sientes el silencio de la noche porque dentro de ti continúan vibrando todos los sonidos del accidente, el chirrido del frenazo, el golpe contra la barrera, el retumbar del vehículo al despeñarse. Y escuchas el murmullo de la radio, una voz ininteligible, mientras la luz cada vez más débil de los faros hace brillar la escarcha en los matorrales. Hay también otros brillos y, desde el lugar que ocupa tu cuerpo, caído fuera del coche, comprendes de repente que son los reflejos de esa iluminación escasa en unos ojos. «¡Laura!», exclamas aterrorizado, incorporándote. Entonces los ves. Sobre sus uniformes reluce la fosforescencia de unos cascos que parecen enormes y extraños en la negrura. «No te preocupes por ella», dice el más alto, con voz serena, «eres tú quien debe venir con nosotros. Ella está viva.»

3. Tercera persona

Andrómeda

Se despierta con esa sensación de cansancio que produce arrancarse de un sueño demasiado profundo y enciende la luz de la mesita. De espaldas a ella, su marido permanece inmóvil, sin duda dormido. Arrastra su mirada perezosa por el techo de la habitación y luego por la pared frontera, hasta encontrar el espejo salpicado de manchas de vejez, un gran objeto que ha llegado hasta ella por la inercia familiar. En el ángulo superior derecho encuentra una gran mancha nueva, y mueve la cabeza para percibirla mejor. Descubre entonces que no es una mancha, sino un reflejo, y un mayor desplazamiento de la cabeza le permite identificar lo que parece un fragmento de voluta amarillenta, acaso metálica. Con lo que todavía es más sorpresa que inquietud, lleva la vista al punto reflejado y comprueba que allí la pared sigue lisa y exenta de adornos. Ahora ya la sorpresa se ha convertido en alarma. Se levanta, se acerca al espejo. El reflejo presenta una pared cubierta por un gran bajorrelieve de formas abigarradas y confusas sobre una cama con ropas de color negro donde se mantiene el bulto de su marido. Acerca más el rostro al espejo y, en lugar de encontrar sus propias facciones aparece una faz ajena, de ojos despavoridos. *¿Cómo has madrugado tanto?*, pregunta su marido, con voz extrañamente silbante, y ella mira a través del espejo aquella gran figura escamosa que acaba de alzarse en la cama, con aquella enorme cabeza de reptil.

TEMAS Y FORMAS DEL CUENTO

Cuatro principios marcan a toda la narrativa, y muy especialmente al cuento: el *principio de movimiento* —la acción no puede ser estática—; el *principio de interés* —que satisfaga suficientemente las expectativas lectoras—; el *principio de economía* —adecuada relación extensión/intensidad—. A estos añadiré otro principio que, en el cuento, por su brevedad, cobra especial importancia, el *principio de verosimilitud* —la acción debe ser creíble aunque sea fantástica (debe producirse en quien lea esa *Suspensión de la incredulidad* de que habló Colerigde), aunque no hay que olvidar que, como dijo mi admirado profesor Souto *Ojo: la realidad no necesita ser verosímil…*

En cuanto a los temas, es sorprendente la capacidad de adaptación del cuento a cualquier campo expresivo: lo realista, lo fantástico, lo onírico, el terror, lo humorístico, la ficción científica…

Como a estas alturas de la vida he participado en innumerables antologías de encargo, con referencias temáticas concretas, ya no me sorprende coincidir en ellas, sea el tema que sea, con profesionales de la escritura de ficciones que acaso no hayan escrito ninguna novela fantástica o de ficción-científica, pero que se adaptan con naturalidad a este campo en el caso del cuento, como sucede en cualquier otra materia.

Y de las formas ¿qué puedo decir? El cuento lo acepta todo, es más, es un género perfecto para la experimentación, acaso porque su brevedad permite una mayor soltura de la imaginación.

En mi caso, como escritor, yo comprendí muy pronto lo difícil que era salir del libro que creía haber terminado, pues continuaba obsesivamente ceñido a mi pensamiento. Pero no tardé en descubrir lo benéfico del cambio de género: al terminar un libro de cuentos, y para evitar la llegada de ideas de cuentos que no merecían la pena, lo recomendable era empezar una novela… y al terminar la novela, para salir de su reiterativa memoria, lo mejor era afrontar la escritura de cuentos. Y así ha transcurrido mi vida…

La belleza del cuento: es cercano, afectuoso, susurra, carece de pretensiones autoritarias; permite desplegar la mirada piadosa, cruel, humorística, terrorífica, escéptica, onírica, fantástica…; se adapta a todo… ¿cabe mejor compañero de viaje?

Y concluiré con un cuento que incluí en el libro *Noticias del Antropoceno* (15), y que es inevitable homenaje a un clásico:

El cuento de Caperucita

Como la nieta vivía en una ciudad lejana, la veía pocas veces al año. Ahora, en los inicios del verano, la niña y su madre pasaban unos días con él, en su pequeña casa de campo.

Lauri era una niña despierta, alegre, pero a él le sorprendía que sus principales entretenimientos fuesen la televisión y, sobre todo, una pantallita electrónica que no dejaba de manipular forzando movimientos de curiosos personajes en extrañas y repetidas situaciones.

La noche anterior hizo mucho viento, y como la antena de la televisión había sufrido daño no se podía ver ninguna emisora. Su hija, la mamá de Lauri, había salido a dar una vuelta en bici, y abuelo y nieta estaban sentados en la terraza, contemplando las nubes que se amontonaban sobre el valle. Lauri encendió la pantallita.

—¿Por qué no hablamos un poco? —preguntó el abuelo.

Lauri lo miró sin demasiado interés.

—¿De qué vamos a hablar, abuelo?

—¿Quieres que te cuente un cuento?

—¿Qué cuento?

Él comprendió entonces que su bagaje narrativo

infantil no era muy grande y quedaba ya muy lejos, pero intentó salir del apuro.

—¿Conoces el de Caperucita?

En los ojos de la niña volvió a brillar el desinterés.

—Pues claro que lo conozco.

El abuelo encontró en aquella respuesta una ocasión para apretar la relación con su nieta.

—Pues cuéntamelo tú a mí, anda —le pidió.

Lauri apagó la pantallita con evidente desgana, y comenzó a hablar:

—Caperucita era una niña que pasaba muchos días con su abuela, en una casita cerca de un bosque. Los abuelos de Caperucita se habían divorciado, y la abuela tenía un novio llamado Lobo, que se portaba muy mal con ella.

—¿Que se portaba muy mal con ella? —repitió el abuelo, desconcertado.

—Le gritaba, le pegaba, ya sabes… ¿Cómo se le dice a eso?

—¿Maltrato doméstico? —respondió él, muy sorprendido.

—Eso… Qué difícil… Además, aquel hombre que se llamaba Lobo se portaba también muy mal con Caperucita, le hacía lo que suena a oso, oso, con otra palabra terminada en al. Al oso sual, puede ser ¿Sabes lo que digo?

—¿Acoso sexual? —murmuró él, con asombro creciente.

—Sí, eso —repuso la nieta—. Cómo habláis los mayores… Bueno, la tocaba por debajo de la ropa, esas cosas.

—Ya.

—Y un día le dijo que fuese con ella al bosque a buscar espárragos. Pero Caperucita ya sabía lo que quería Lobo, tocarla, y además lejos de casa, para que no pudiese escapar… Y se llevó en la cestita para los espárragos una pistola llena de balas que había encontrado rebuscando en el desván, y que aprendió cómo funcionaba mirando en el ordenador de su mamá.

El abuelo no sabía qué decir.

—Cuando estaban en medio del bosque, Lobo sacó de la mochila una manta y la puso en el suelo. Y mientras se agachaba para estirarla, Caperucita cogió la pistola de la cestita, y como había visto en la tele, le puso a Lobo la punta de la pistola en esa parte de atrás de la cabeza… ¿cómo se llama?

—La nuca —murmuró él.

—Eso, la nuca. Y Caperucita, con las dos manos, disparó. Salió mucha sangre, como se ve en la tele, y Lobo quedó tirado encima de la manta… Luego, Caperucita volvió con su abuela y fueron muy felices… ¡Colorín colorado! ¿Puedo jugar un rato con la tableta?

REFERENCIAS BIBLIOGRÁFICAS

(1) Ed. Lengua de Trapo, 2001
(2) Recopilados por Federico Carlos Sáinz de Robles, Ed. Aguilar, 1943
(3) Ed. Páginas de Espuma, 2016
(4) Ed. Santillana, 2017
(5) Ed. Alfaguara, 1997
(6) E.A.Poe *Ensayos y críticas*. Trad. de Julio Cortázar. Ed. Alianza Editorial, 1973
(7) Para la editorial Suma de Letras/Punto de Lectura, del 2001 a 2002
(8) Ed. Fundamentos, 1974
(9) Ed. Espasa Libros, Colección Austral, 2001
(10) Ed. Páginas de Espuma, 2006
(11) Ed. Fontamara 2013
(12) Ed. Alfaguara, 2005
(13) *Obras completas*, tomo VI, Ed. Biblioteca Nueva, 1948
(14) Appleton Century-Crofts Inc. 1959
(15) Ed. Alfaguara, 2021

«La memoria del escritor es el punto de partida para las historias ficticias, puesto que en estas se mezclan los recuerdos y las invenciones. La recuperación de lo sucedido a través de la ficción es un simulacro: se crea una ficción en la que lo recordado se disuelve en lo soñado. La literatura es el reino de la ambigüedad, ya que crea verdades subjetivas. La verdad literaria es otra distinta a la verdad histórica, por lo que en ficción se cuenta lo que los historiadores no pueden. La mentira de la ficción sirve para expresar las verdades profundas y las inquietudes que solo se pueden ver por las exageraciones de la narrativa. No se dibujan los seres de carne y hueso, sino que se materializan sus deseos, sus sentimientos, sus rencores. La ficción encarna la subjetividad de su época, lo que no puede contar la ciencia; cuenta las verdades escondidas en los corazones de los lectores.»

Katarzyna Barbara Parys

El problema ontológico de los personajes literarios en la narrativa breve de Miguel de Unamuno

(tesis doctoral)

Colección
DE LA BELLEZA